ESLC R

EASY SPANISH SHORT NOVELS FOR BEGINNERS

With 60+ Exercises & 200-Word Vocabulary

VOLUME 6

Jules Verne's

"20,000 LEAGUES UNDER THE SEA"

ESLC READING WORKBOOKS SERIES

PUBLISHED BY:
EASY SPANISH LANGUAGE CENTER

TRANSLATED, CONDENSED AND PRODUCED BY:
Álvaro Parra Pinto

PROOFREADING:
Magaly Reyes Hill
María Josefa Pérez

EDITOR:
Alejandro Parra Pinto

ILLUSTRATIONS BY:
Alphonse de Neuville & Edouard Riou

ISBN-13: 978-1537082271
ISBN-10: 1537082272

FREE BONUS:

Boost Your Spanish Reading Skills!

THANKS FOR BUYING OUR BOOK! And to express our gratitude, we'd like to give you our **Free 60-Page Guidelines and Exercises To Boost Your Spanish Reading Skills** completely free!

Claim your bonus here:

http://www.easyspanishlanguagecenter.com

ESLC READING WORKBOOKS SERIES

VOLUME 1:
THE LIGHT AT THE EDGE OF THE WORLD
by Jules Verne

VOLUME 2:
THE LITTLE PRINCE
by Antoine de Saint-Exupery

VOLUME 3:
DON QUIXOTE
by Miguel de Cervantes

VOLUME 4:
GULLIVER
by Jonathan Swift

VOLUME 5:
SHERLOCK HOLMES ADVENTURES
by Sir Arthur Conan Doyle

VOLUME 6:
20,000 LEAGUES UNDER THE SEA
by Jules Verne

ABOUT THIS WORKBOOK

FUN AND EASY TO READ, this didactic workbook in Easy Spanish is based on one of the French author Jules Verne´s most famous novels: "20,000 Leagues Under The Sea". First published in 1870, its marvelous pages recount Captain Nemo's amazing and unforgettable adventures aboard the world´s first submarine: the "Nautilus".

Especially translated, edited and simplified to ease reading practice and comprehension, our text includes simple wording, brief sentences and moderate vocabulary. Also, for your convenience, each chapter is followed by a glossary of Spanish common words and popular expressions and their respective English translations, as well as by fun and simple sets of exercises designed to boost your reading skills and comprehension.

In short words, this workbook series published by the Easy Spanish Language Center provides the reading practice and drills you need based on the understanding that reading is "a complex, active process of constructing meaning" instead of "mere skill application."

THANKS FOR CHOOSING US AND ENJOY YOUR READING PRACTICE!

CONTENTS

1–EL MONSTRUO MARINO

ESTA HISTORIA COMENZÓ EN 1866. Ese año me invitaron a participar en una **expedición** organizada en Nueva York para **dar caza** a un raro monstruo marino que **aterrorizaba** al mundo entero.

Aunque **sólo eran rumores**, mucha gente decía que el monstruo era más grande y rápido que una **ballena**.

Los periódicos informaban que el monstruo era un **mamífero acuático** capaz de **hundir** grandes barcos y de expulsar agua a gran altura. ¡Todos aseguraban que era un animal marino **desconocido** y muy peligroso!

Cuando le dije a mi asistente, Conseil, que **participaríamos** en la expedición él se sorprendió.

–¿Cazaremos al monstruo, profesor Aronnax? –me preguntó **sin poder esconder su nerviosismo**.

–Así es, Conseil. Quiero que sepas que éste podría ser un viaje **sin retorno**. ¿Vendrás conmigo?

–¡Por supuesto, profesor! Yo iré a donde usted vaya.

–Entonces **apresurémonos** –dije–. Prepara todo. Mañana iremos al puerto de Brooklyn y abordaremos el barco del **comandante** Farragut, quien está a cargo de la expedición.

–¿Por qué a usted lo invitaron a la expedición, profesor?

–Porque soy un importante botánico del Museo de París visitando a Nueva York. Y porque ellos saben que mi pasión es la investigación de los misterios del océano.

–¿Usted piensa que realmente sea un monstruo?

–Evidentemente es un extraordinario animal, muy voluminoso y enérgico. Yo sospecho que es un **narval** gigante...

–¿Un narval? ¿Qué animal es, profesor?

–Los narvales son **mamíferos marinos**, Conseil, como los delfines y las ballenas. Sus dientes son duros como el acero y pueden perforar el casco de un barco. ¡Son animales muy peligrosos! Por eso el gobierno de Estados Unidos organizó la expedición. ¡Necesitamos cazar a ese gigante!

El día siguiente fuimos al puerto de Brooklyn y buscamos al comandante de la expedición, el capitán Farragut, un hombre fuerte, rudo y **testarudo**. Él creía que era un verdadero monstruo marino y estaba decidido a matarlo.

Estábamos admirando el majestuoso barco de Farragut cuando, de repente, fuimos interrumpidos por una fuerte voz:

–¡Bienvenido a mi buque, profesor Pierre Aronnax! –dijo el capitán Farragut con entusiasmo.

–Gracias capitán –contesté con una gran sonrisa–. ¡Su buque es muy hermoso!

–Gracias, profesor Aronnax, por favor suba. **Ésta es su casa** – dijo Farragut.

Inmediatamente llamó a un marinero para que nos ayudara a subir y nos guiara a nuestro camarote.

Dejé a Conseil con el equipaje y volví al puente rápidamente. ¡Yo estaba tan interesado que no quería perderme ningún detalle!

El capitán Farragut preparaba los últimos detalles antes de partir. Él no quería retrasar el viaje ni un día más. Quería ir a los mares donde el monstruo marino fue visto por última vez.

Finalmente le preguntó al jefe de máquinas:

–¿Tenemos suficiente presión?

–Sí, señor –respondió firmemente el jefe de máquinas. Todo está listo.

–¿Está seguro? –volvió a preguntar el capitán.

–Sí, señor –respondió el hombre con seguridad y entusiasmo.

Entonces, ¡**leven anclas**! –gritó el Capitán Farragut.

Al escuchar la orden del Capitán, los **maquinistas** accionaron el motor. Silbó el vapor y el "*Abraham Lincoln*" inició su marcha **majestuosamente**.

DESPUÉS DE LA LECTURA

VOCABULARIO

1: Expedición = expedition

2: Dar caza = hunt

3: Aterrorizaba = terrorized

4: Sólo eran rumores = they were only rumors

5: Ballena = whale

6: Mamífero acuático = wáter mammal

7: Hundir = sink

8: Desconocido = unknown

9: Participaríamos = we would participate

10: Sin poder esconder su nerviosismo = without being able to hide his nervousness

11: Sin retorno = without return or with no return

12: Apresurémonos = let's hurry

13: Comandante = commander

14: Narval = narwhal

15: Mamíferos marinos = sea mammals

16: Testarudo = stubborn

17: Ésta es su casa = this is your home

18: ¡Leven anclas! = Weigh anchor!

19: Maquinistas = machinist

20: Majestuosamente = majestically

EJERCICIOS

1.–Completa la oración:

a.–¿Iremos en busca del ___ marino, profesor? –preguntó Conseil.

b.–El Profesor Aronnax le dijo a su asistente que la expedición podría ser un viaje sin _____.

c.–¡Bienvenido a mi barco, _____Pierre Aronnax! –dijo el Capitán Farragut con entusiasmo.

2.–Indica si es Falso o Verdadero:

a.– El monstruo era un mamífero terrestre __

b.–El monstruo hundió varios barcos __

c.–El buque de la expedición se llamaba "*Abraham Lincoln*" __

d.–El profesor Aronnax era el capitán del buque __

.

3.–Preguntas de selección múltiple:

Seleccione una única respuesta por cada pregunta:

1.–¿Qué sucedió en 1866 que aterrorizó al mundo entero?

a.–Un tsunami hundió una ciudad de Europa.

b.–Un monstruo marino hundió varios barcos.

c.–Se construyó el faro del fin del mundo.

d.–Los monos comenzaron a hablar.

2.–¿Quién era el profesor Pierre Aronnax?

a.–Un francés, botánico y autor de esta historia.

b.–El capitán del buque "*Abraham Lincoln*".

c.–Un profesor de español de la marina francesa.

d.–Un famoso periodista del "*London Times*".

3.–¿Quién era Conseil?

a.–El capitán del buque "*Abraham Lincoln*".

b.–El asistente del profesor Aronnax.

c.–El cocinero del buque "*Abraham Lincoln*".

d.–Un monstruo marino.

4.–¿Cómo era el capitán Farragut?

a.–Era un pequeño pokemón.

b.–Era un hombre fuerte, rudo y testarudo.

c.–Era un viejo con una larga barba blanca.

d.–Era un mamífero acuático.

SOLUCIONES CAPÍTULO 1

1.–Completa el dialogo:

Monstruo, retorno, profesor

2.–Indica si es Falso o Verdadero:

a.–F.

b.–V.

c.–V.

d.–F

3.–Preguntas de selección múltiple:

1.–b.

2.–a.

3.–b.

4.–b.

2–¡COMIENZA LA AVENTURA!

A BORDO DEL "*ABRAHAM LINCOLN*" conocimos al "**Rey de los arponeros**", el canadiense Ned Land, famoso por su **inigualable** talento, valor y fuerza. Ned era un hombre alto y **musculoso**, con largos cabellos negros y la fuerza de un **toro**.

Durante el viaje, disfrutábamos escuchando sus aventuras por los **mares polares**.

–La última ballena que atrape media más de 30 metros de largo –dijo Ned

–¿De 30 metros? –pregunté– Entonces seguramente era una ballena azul.

–¡**Tiene razón**, profesor! ¡Era una gran ballena azul! Pero yo le clavé mi **arpón** justo en el corazón –dijo Ned muy orgulloso.

Entre historias de aventuras, pasamos los primeros días. **Mientras tanto**, nuestro buque recorría kilómetros y kilómetros, buscando la supuesta bestia sin éxito alguno.

Después de varias semanas la tripulación comenzó a desanimarse. Pero justo la noche antes de suspender la búsqueda, se escuchó un fuerte grito:

–¡Ahí! –exclamó Ned con gran excitación–. ¡Ahí está el monstruo! ¡Frente a nosotros!

Al oír su grito, toda la tripulación corrió hacia él. Capitán, oficiales, **contramaestres**, marineros, y hasta los **fogoneros**, abandonaron sus puestos.

¡Todos querían ver al famoso monstruo!

–Se mueve hacia adelante… ¡cuidado! –grité–. ¡Avanza hacia nosotros!

En vez de huir, el capitán ordenó avanzar con cautela hacia el animal.

Estábamos a menos de cien pies, cuando de repente Ned lanzó su terrible arpón.

–¡No puede ser! –exclamó Ned sorprendido– ¿Qué animal es este? ¡Mi arpón rebotó como si fuera de **goma**!

El monstruo nos lanzó dos fuertes ráfagas de agua, derribando a la tripulación y destrozando las velas.

Del impacto yo fui lanzado al mar.

–¡**Auxilio**! ¡Auxilio! –grité desesperado.

Pero todos mis gritos fueron en vano.

El buque se alejaba a gran velocidad.

Había mucha neblina, pero a lo lejos pude ver al buque **alejándose**.

Rápidamente **nadé** hacia él, pero estaba cansado y me hundía.

–¡Ayuda! ¡Ayuda! –grité sin éxito.

De pronto, una mano me agarró con fuerza. ¡Era mi fiel amigo Conseil!

–¡Resista profesor! –gritó Conseil– ¡Nade! ¡Nade!

Conseil y yo nadamos hacia el buque. Pero había mucha neblina y pronto **lo perdimos de vista**.

¡No veíamos nada! Yo estaba muy cansado, ¡ya no podía más! Conseil comenzó a nadar por los dos, pero poco después también comenzó a cansarse.

–Conseil ¡déjame aquí! ¡Sálvate tú!

–¡Jamás! –contesto mi fiel amigo.

En ese momento, la luna iluminó la superficie del océano. ¡El "*Abraham Lincoln*" **no se veía por ningún lado!**

En ese momento, escuchamos una fuerte voz:

–¡Profesor! ¡Conseil! ¡Aquí estoy! –gritó alguien.

¡Era el arponero Ned! Curiosamente, estaba parado sobre un pequeño **islote**, muy cerca de nosotros.

Con lo último de nuestras fuerzas nadamos hasta él y de inmediato nos ayudó a subir a la superficie.

–¡Profesor, conozca a su famoso narval gigante! –dijo señalando el islote– ¡Está hecho de acero!

¡Aquello era increíble!

Efectivamente, estábamos tendidos sobre la superficie de una especie de barco submarino, cuya forma era la de un enorme pez de acero.

–Entonces, ¡el monstruo marino sólo es una nave creada por la mano del hombre! –exclamé sorprendido.

– Si, mi querido profesor –dijo Ned orgulloso de su hallazgo.

En ese momento, la nave comenzó a moverse lentamente. Dio un pequeño **giro** y se detuvo una vez más.

–¡Si esta nave se sumerge estaremos perdidos! –exclamó Ned.

Comencé desesperadamente a buscar una entrada. Pero todo fue en vano.

–Necesitamos comunicarnos con los tripulantes de esta misteriosa máquina –exclamé.

Ned comenzó a gritar, y a darle patadas a la plancha de acero.

–¡Ábrannos! ¡Ábrannos! –dijo **desesperadamente**.

En ese momento una **compuerta** se levantó.

De su interior salieron ocho hombres **enmascarados** y armados, quienes nos capturaron y **arrastraron** al interior de la nave.

DESPUÉS DE LA LECTURA

VOCABULARIO

1: Rey de los arponeros = King of Harpooners

2: Inigualable = unequaled

3: Musculoso = muscular

4:Toro = bull

5: Mares polares = polar seas.

6: Tiene razón = you're right

7: Arpón = harpoon

8: Mientras tanto = in the meantime

9: Contramaestres =

10: Fogoneros =

11: En vez de = instead of

12: Goma = rubber

13: Auxilio = help

14: Alejándose = going away

15: Nadé = I swam

16: De pronto = Suddenly

17: Lo perdimos de vista = we lost sight of him

18: No se veía por ningún lado = couldn't be seen anywhere

19: Giro = turn

20: Desesperadamente = desperately

21: Compuerta = hatch

22: Enmascarados = masked

23: Arrastraron = dragged

EJERCICIOS

1.–Completa la oración:

–El canadiense Ned Land, era conocido como el "____de los arponeros".

– La última ballena que atrape medía más de 30 metros de ___ – dijo Ned,

–¡Si esta nave se _____ estaremos perdidos! –exclamó Ned.

– Del interior de la nave salieron ocho hombres enmascarados y ____.

2.–Indica si es Falso o Verdadero:

a.–Ned era un hombre bajo y musculoso__

b.–Ned clavo su arpón al monstruo marino hiriéndolo de muerte__

c.–Del ataque del buque con el monstruo, el profesor fue lanzado al mar__

d.–La superficie donde estaban tendidos los tres amigos era una especie de barco submarino__

3.–Preguntas de selección múltiple:

Seleccione una única respuesta por cada pregunta

1.–¿Quién ayudó al profesor Aronnax cuando cayó en el mar?

a.–El monstruo marino.

b.–Conseil.

c.–Moby Dick.

d.–Gulliver.

2.–¿Dónde estaba parado Ned cuando llamó al profesor?

a.–En un buque de la marina inglesa.

b.–En un islote de acero.

c.–En una gran tortuga.

d.–En una ballena azul.

3.–¿Qué era el monstruo marino?

a.–Un narval gigante.

b.–Una nave de acero hecha por el hombre.

c.–Un dragón verde.

d.–Una serpiente marina.

4.–¿Cuántos hombres salieron del interior de la nave?

a.–Uno.

b.–Dos.

c.–Ocho.

d.–Salieron tres pingüinos.

SOLUCIONES CAPÍTULO 2

1.–Completa el diálogo:

Rey, largo, sumerge, armados.

2.–Indica si es Falso o Verdadero:

a.–F.

b.–F.

c.–V.

d.–V.

3.–***Preguntas de selección múltiple:***

1.–b.

2.–b.

3.–b.

4.–c.

3–A BORDO DEL NAUTILUS

DESPUÉS DE ENTRAR AL SUBMARINO, nuestros captores nos llevaron a una habitación y **nos encerraron**. ¡Éramos sus prisioneros!

En vano Ned trató de abrir la puerta. Entonces exclamó:

–¡Estamos atrapados en esta nave metálica! Pero, ¿por qué?

–Seguramente pronto lo sabremos –le dije–. Lo más importante es que estamos vivos.

–¡No soporto estar encerrado! –protestó el arponero dándole patadas a la puerta–. ¡Necesitamos escapar!

–Mantenga la calma, Ned, por favor –le dije con firmeza–. Tengamos paciencia y esperemos, ¿sí?

–Está bien, profesor –dijo Ned, evidentemente **molesto**–. Esperaré… ¡pero no por mucho tiempo!

Poco después, un par de marineros armados entraron con ropa limpia y seca, junto con una apetitosa comida que sirvieron en una mesa. En todo momento nos apuntaron con sus armas. Y por más que les hicimos preguntas, **no dijeron ni una sola palabra**.

Después de irse, nos cambiamos de ropa y nos acercamos a la mesa.

–¡Al menos no piensan dejarnos morir de hambre! –exclamó Ned admirando la **cena**–. Comamos primero. Luego veremos cómo nos escapamos.

–¿No estará envenenada la comida? –preguntó Conseil con **desconfianza** mientras Ned y yo comenzamos a comer sin darle importancia.

Mientras comimos, nos hicimos muchas preguntas: ¿Dónde estábamos? ¿Quiénes eran nuestros misteriosos captores? ¿Y por qué nos encerraron?

En vano intentamos responder nuestras interrogantes.

Esa noche, cansados por lo sucedido, dormimos profundamente.

Cuando despertamos, **el día siguiente**, notamos que alguien había entrado y servido el desayuno mientras dormíamos.

Seguíamos atrapados en aquella prisión hermética. ¡Era imposible escapar!

De nuevo Ned estaba impaciente. Pateó las paredes con los pies y gritó pidiendo ayuda. ¡Perdía el control!

–Cálmese Ned –le dije–. Pronto sabremos la verdad.

–Está bien, profesor, me calmaré –afirmó Ned–. Pero les advierto que no me gusta estar encerrado. ¡Debemos escapar de aquí!

Unas horas después, la puerta se abrió y entró un marinero. Ned saltó sobre él, lo agarró por el cuello y comenzó a asfixiarlo. Pero en ese momento entraron varios hombres armados junto con un caballero muy elegante, alto y con una barba muy poblada.

–Cálmese, Ned –dijo el caballero–, ¡suelte a ese hombre ya!

Al ver las armas, Ned soltó al marinero y observó al curioso **recién llegado**.

–**Permítanme presentarme**: Yo soy el capitán Nemo y ésta es mi nave: "*El Nautilus*".

–¿Usted es el capitán? –preguntó Ned–. ¿Y por qué somos sus prisioneros?

–Ustedes no son mis prisioneros, eso no –dijo Nemo **agitando su cabeza**–. Ustedes son mis **huéspedes**. No vine antes porque primero quería saber quiénes eran.

–¿Sus huéspedes? ¿Entonces por qué nos tiene encerrados **en contra de nuestra voluntad**? –preguntó Ned evidentemente enojado– ¿Y por qué atacó a nuestro barco?

–¡Le repito que se calme Señor Land! –dijo con firmeza Nemo– ¡Aquí quien manda soy yo! Ataqué su barco porque ustedes nos atacaron primero. Y les repito, caballeros, que ustedes no son mis prisioneros. Estoy aquí para ofrecerles una libertad relativa.

–¿Una libertad relativa, capitán? –pregunté levantando una ceja.

–Sí –respondió Nemo mirándome con una leve sonrisa–. A partir de este momento, ustedes podrán ir y venir por donde quieran dentro del Nautilus, siempre y cuando obedezcan mis normas. ¿Le parece bien, profesor Aronnax?

–¿Usted me conoce, capitán? –pregunté sorprendido.

–¡**Por supuesto**, profesor! Tengo el libro que usted escribió sobre la **vida oceánica**, publicado por el Museo de París. Lo he leído varias veces. **Debo admitir** que su libro es impresionante, sobre todo considerando que usted nunca ha visitado **el fondo del mar**. ¡Lo felicito!

–Gracias, capitán…

–Quiero invitarle a quedarse en mi nave, profesor. Yo llevo años recorriendo el océano y estudiando la vida del mar. Quiero mostrarle mis descubrimientos. Y si se queda a bordo del Nautilus, juntos podremos explorar el fondo oceánico y continuar nuestros estudios. ¿Le interesa?

–Me honra con su invitación, capitán –dije **asintiendo**–. Por supuesto que me interesa.

–¡No, profesor! –interrumpió molesto Ned– ¡Yo jamás me quedaré! ¡No pienso seguir atrapado en esta nave!

–La invitación no es para usted, señor Land –dijo fríamente el capitán.

Seguidamente, les ordenó a sus marineros que llevaran a Ned y a Conseil a sus **camarotes**, donde les esperaba el almuerzo.

Entonces dijo, dirigiéndose a mí:

–Por favor, acompáñeme profesor. Usted es mi invitado de honor.

Nos dirigimos a un lujoso comedor con una mesa espléndidamente servida.

–Querido Profesor, quiero decirle que todos nuestros alimentos vienen del mar –dijo orgulloso.

–¡Impresionante!

Mientras almorzamos, el capitán Nemo me habló sobre sus exploraciones submarinas a bordo del Nautilus y algunos de sus descubrimientos.

–Gracias por aceptar mi invitación, profesor Aronnax. Es un honor tenerle a bordo del Nautilus, del cual soy a la vez su capitán, su ingeniero y su constructor.

–¿Su constructor, capitán?

–Sí, mi querido profesor. Yo diseñé y construí cada pieza del Nautilus con ayuda de mis hombres. En esta nave hay una pequeña nación a mis órdenes. Quienes navegan conmigo han roto toda relación con la superficie terrestre.

Realmente me asustaba este misterioso hombre. ¿Me estaría diciendo la verdad?

Al finalizar nuestro exquisito banquete, me invitó a conocer el interior de la nave:

–Yo diseñé al Nautilus con la forma de un pez y los detalles de su cubierta para que parecieran escamas. Por eso lo confunden con un animal. Pero, **como verá**, su interior está lleno de todo tipo de comodidades.

El primer lugar que visitamos fue su enorme **biblioteca privada**. Tenía muchas estanterías llenas de libros y vitrinas exhibiendo valiosos tesoros y **antigüedades**.

Nemo me dijo con orgullo:

–Yo encontré todos estos tesoros en el fondo del océano. ¡No hay mar que yo no haya explorado en todo el planeta!

–¡Usted es un hombre inmensamente rico, capitán! –exclamé admirando un cofre lleno de monedas de oro españolas.

Nemo sonrió y dijo complacido:

–Así es mi querido profesor. Sí yo quisiera, podría pagar varias veces la deuda externa de Francia.

–¡Increíble!

–Le confieso que mi riqueza no sólo viene de mis recolecciones en el mar. Pero prefiero **no hablar al respecto**.

Me preguntaba de dónde provenía tanta riqueza. ¿Sería el Nautilus una especie de submarino pirata?

Mientras continuamos nuestro recorrido a través de diversos salones, Nemo me dio una amplia explicación sobre todos los aparatos y objetos a bordo de la nave.

Cuando entramos a la sala de máquinas, el capitán hizo una pausa y después me dijo con mucho orgullo:

–Todo el funcionamiento del Nautilus es impulsado por corriente eléctrica.

–¿Corriente eléctrica? –pregunté **asombrado**.

–Así es. Sin embargo, la electricidad que alimenta el Nautilus no es común.

–¿No es común? –pregunté intrigado–. No lo entiendo, capitán. ¿A qué se refiere?

–**Permítame explicárselo**, profesor Aronnax: Hace muchos años descubrí que la sal del agua del mar al mezclarse con el mercurio producen electricidad. Y esa es la fuente de energía que utilizan estas máquinas. ¡Es una fuente **inagotable**!

–¡Sorprendente!

El capitán terminó nuestro recorrido llevándome a mi camarote:

–Espero que **disfrute su estadía**, profesor. Hoy comenzaremos un largo viaje de exploración submarina y estaré muy ocupado. Así que me verá muy poco.

Efectivamente, no volví a ver el capitán Nemo durante los siguientes días. ¿Qué estaría haciendo? Fue entonces cuando se me ocurrió escribir un libro sobre mi experiencia a bordo del Nautilus. Así que una mañana fui a la biblioteca, tomé una pluma y varias **hojas en blanco** e inicie la escritura del presente manuscrito.

DESPUÉS DE LA LECTURA

VOCABULARIO

Nos encerraron = they locked us

Molesto = angry

No dijeron ni una sola palabra = they didn't say a word.

Desconfianza = distrust

El día siguiente = the following day (on the next day)

Recién llegado = newcomer

Permítanme presentarme = Allow me to introduce myself

Agitando su cabeza = shaking his head

Huéspedes = guests

En contra de nuestra voluntad = against our will

Por supuesto = of course

La vida oceánica = sea life

Debo admitir = I must admit

Fondo del mar = bottom of the sea

Asintiendo =nodding

Camarotes = cabin

Como verá = as you can see

Biblioteca privada = private library

Antigüedades = antiques

No hablar al respecto = not to talk about it

Asombrado = astonished

Permítame explicárselo = let me to explain it to you

Inagotable = inexhaustible

Disfrute su estadía = enjoy your stay

Hojas en blanco = blank sheets of paper

EJERCICIOS

1.–Completa la oración:

–¡No soporto estar ______! –protestó el arponero dándole patadas a la puerta–.

–Querido Profesor, quiero decirle que todos nuestros ______ vienen del mar –dijo el capitán Nemo.

–Todo el funcionamiento del Nautilus es impulsado por corriente ______ –dijo el capitán.

2.–Indica si es Falso o Verdadero:

a.– Ned estaba feliz de estar en la nave ___

b.–La nave metálica se llamaba El Nautilus___

c.–El capitán Nemo diseñó y construyó cada pieza de El Nautilus__

d.–La electricidad que alimenta el Nautilus no es común __

3.–Preguntas de selección múltiple:

Seleccione una única respuesta por cada pregunta:

1.–¿Qué dijo Ned al ver la comida sobre la mesa?

a.–¡No quiero comer!

b.–¡Al menos no piensan dejarnos morir de hambre!

c.–¿Estará envenenada?

d.–No dijo nada y comenzó a comer.

2.–¿Cómo era el capitán Nemo?

a.–Era un profesor francés, botánico y autor de esta historia.

b.–Era un cocinero gordo que siempre sonreía.

c.–Era un caballero elegante, alto y con barba.

d.–Era un caballero pequeño y sin barba.

3.–¿Cómo se producía la electricidad del Nautilus?

a.–Con la fuerza de las olas.

b.–Con la sal del agua del mar al mezclarse con el mercurio.

c.–Con las algas del mar.

d.–El Nautilus no usaba electricidad.

4.–¿Qué hizo el profesor Aronnax en el Nautilus?

a.–Escribió una canción sobre el océano.

b.–Escribió un libro de recetas de comida marina.

c.–Escribió la novela “*El Principito*”.

d.–Escribió un libro sobre su viaje en el Nautilus.

SOLUCIONES CAPÍTULO 3

1.–Completa el diálogo:

Encerrado, alimentos, eléctrica.

2.–Indica si es Falso o Verdadero:

a.–F.

b.–V.

c.–V.

d.–V.

3.–Preguntas de selección múltiple:

1.–b.

2.–c.

3.–b.

4.–d.

4–LOS JARDINES DEL CAPITÁN

PASAMOS DOS SEMANAS sin volver a ver al capitán Nemo.

Nosotros debíamos permanecer en nuestros camarotes. Sólo se nos permitía visitar la biblioteca, el **salón principal** y el **comedor**.

Durante todo este tiempo, Ned sólo pensaba en escapar. Pero como estábamos en medio del océano, escapar en aquel momento **no tenía mucho sentido**.

Una mañana, mientras yo escribía en la biblioteca, escuché unos pasos acercándose. Pensé que se trataba de Nemo, pero al levantar la mirada vi que era su **segundo al mando**.

–Buen día, profesor Aronnax –me dijo respetuosamente, sacando un **sobre** blanco de uno de sus **bolsillos**–. El capitán le envía esta carta y espera que usted esté disfrutando de nuestro viaje.

Tomé el sobre y al abrirlo encontré una breve nota. Era de Nemo, quien me invitaba a una excursión para conocer sus **jardines privados**.

Una hora después fui al salón principal, donde me esperaba Nemo.

–Buenos días, capitán Nemo –dije **estrechando su mano**.

–Buenos días, profesor Aronnax. Hoy visitaré mis jardines privados y quiero que usted me acompañe. ¿Quiere participar en nuestra excursión?

–¡Por supuesto, capitán! Pero dígame, ¿cómo es posible que usted tenga jardines? –le pregunté con curiosidad–. Pensé que usted había roto toda relación con la superficie terrestre.

Sonriendo Nemo me dijo:

–Usted tiene razón, profesor. Pero se trata de jardines submarinos.

–¡Jardines submarinos! –exclamé sorprendido–. ¡Qué interesante, capitán! ¿Y cuándo iremos?

–¡De inmediato! Vaya, dígale a sus compañeros. Nos vemos en la sala de máquinas en unos minutos. Ya mande a buscar sus **trajes submarinos**.

Sin perder tiempo le avisé a mis compañeros, pero Ned no quiso ir.

–¡No me gusta el capitán Nemo! –dijo molesto y desconfiado–. ¿Quién sabe qué estará tramando ese **malhechor**?

Sin perder tiempo y **llenos de entusiasmo**, Conseil y yo fuimos a la sala de máquinas, donde nos esperaba el capitán Nemo.

Con la ayuda de varios marineros, nos pusimos unos trajes especiales y nos colocaron unos **guantes, botas y cascos** con depósitos de aire y lámparas. Después nos ayudaron a bajar a una **cámara** que cerraron sobre nosotros antes de llenarla de agua. Finalmente, el piso se abrió bajo nuestros pies y lentamente descendimos del Nautilus. A pocos metros de distancia nos esperaba el fondo del océano, donde crecía un hermoso jardín submarino.

¡Aquel lugar era maravilloso!

Había corales de muchos colores y peces únicos de una gran belleza.

Después de una increíble excursión que jamás olvidaré, regresamos al Nautilus en horas de la tarde.

No volvimos a ver al capitán Nemo durante las siguientes semanas.

Todas las mañanas la nave subía a la superficie para dotarse de **aire fresco** y Ned, Conseil y yo salíamos a admirar el panorama. Y aunque cada vez que salíamos Ned sólo pensaba en escapar, sólo se veía agua por todas partes. ¿Hacia dónde podría huir?

Y así, continuaron pasando los días mientras seguimos nuestro interesante viaje.

Una mañana, me encontraba admirando la inmensidad del océano, cuando **inesperadamente** apareció el capitán Nemo con veinte de sus hombres.

–Buenos días, mi querido profesor –me dijo el incansable capitán al verme.

–Buenos días –respondí algo sorprendido.

Inmediatamente los hombres recogieron unas **redes** que habían soltado en el mar durante la noche. ¡Estaban llenas de incontables especies de peces y algas!

Aquella mañana el capitán y yo conversamos durante horas ante la inmensidad de las solitarias aguas. Me dijo que aquellos peces y algas servirían para alimentarnos durante nuestro viaje y que nada sería **desperdiciado**. También me habló sobre sus numerosos viajes alrededor del mundo y la profunda pasión que llenaba su corazón. ¡El océano era su obsesión!

–Capitán Nemo –le dije antes de bajar al interior del Nautilus–, he notado que usted es un hombre muy solitario.

–Sí, profesor Aronnax. Yo prefiero la tranquilidad que me brinda el océano en vez de la crueldad de los humanos en **tierra firme**.

DESPUÉS DE LA LECTURA

VOCABULARIO

1: Salón principal = main hall

2: Comedor = dining room

3: No tenía mucho sentido = didn't make much sense

4: Segundo al mando = second in command

5: Sobre = envelope

6: Bolsillos = pockets

7: Jardines = gardens

8: Estrechando su mano = shaking his hand.

9: Trajes submarinos = diving suits

10: Malhechor = crook (wrongdoer)

11: Llenos de entusiasmo = full of enthusiasm

12: Guantes = gloves

13: Botas = boots

14: Cascos = helmets

15: Cámara = chamber

16: Aire fresco = fresh air

17: Inesperadamente = unexpectedly

18: Redes = fishing nets

19: Desperdiciado = wasted

20: Tierra firme = mainland

EJERCICIOS

1.–Completa la oración:

–A Ned, Conseil y al profesor Aronnax sólo se les permitía visitar la biblioteca, el salón principal y el _____.

–¡No me gusta el capitán Nemo! –dijo molesto y desconfiado ___.

–Capitán Nemo –dijo el profesor– he notado que usted es un hombre muy ___.

2.–Indica si es Falso o Verdadero:

a.– Ned sólo pensaba en dormir ___

b.–Ned admiraba al capitán Nemo___

c.–El océano era la obsesión del capitán Nemo ___

d.–El capitán Nemo era un cantante de ópera __

3.–Preguntas de selección múltiple:

Seleccione una única respuesta por cada pregunta:

1.–¿Por qué no podía escapar Ned?

a.–Porque no tenía traje de baño.

b.–Porque no sabía nadar.

c.–Porque el Nautilus estaba en medio del océano.

d.–Ned no quería escapar.

2.¿Qué pensaba Ned del capitán Nemo?

a.–Que era un monstruo marino.

b.–Que era un malhechor.

c.–Que era un ángel caído del cielo.

d.–Que era un terrible zombie.

3.–¿A dónde fueron el profesor y Conseil con Nemo?

a.–A un hermoso jardín submarino.

b.–A Seaworld.

c.– Al palacio de Neptuno.

d.– A la casa de Bill Gates.

4.–¿Qué recogieron las redes de los hombres de Nemo?

a.–Sirenas.

b.–Un narval gigante.

c.–Peces y algas.

d.–Botas, guantes y cascos.

SOLUCIONES CAPÍTULO 4

1.–Completa el diálogo:

Comedor. Ned, solitario.

2.–Indica si es Falso o Verdadero:

a.–F.

b.–F.

c.–V.

d.–F

3.–Preguntas de selección múltiple:

1.–c.

2.–b.

3.–a.

4.–c.

5–UN SORPRESIVO ATAQUE

LOS DÍAS SE CONVIRTIERON en semanas y las semanas en meses.

Una mañana, después un viaje de cinco mil doscientas cincuenta **leguas**, nos acercamos a la isla de Gueboroar, cerca de las costas de **Nueva Guinea**.

Estábamos en el salón, cuando de repente se escuchó un fuerte ruido metálico y el Nautilus **se sacudió**. Conseil subió a preguntar qué había sucedido y se encontró con el jefe de máquinas.

–¡El Nautilus se **atascó**! –dijo el viejo.

– Caramba, y ¿sufrió **daños**? –preguntó Conseil.

– No mucho, pero debemos repararlo y después esperar a que **la marea** suba.

–¿**Cuánto tomará eso**?

–Uno o dos días…

Conseil fue a informarnos.

–¿Por qué no visitamos la isla de Gueboroar mientras reparan el Nautilus? –propuso Ned, quien pensaba aprovechar la ocasión para escapar.

–Excelente idea mi querido amigo –respondí con gran entusiasmo–. Pidámosle permiso al capitán.

Nemo acepto sin problemas.

Ned, Conseil y yo nos fuimos a la isla en un pequeño bote. Apenas tocamos tierra, Ned dijo:

–¡Vamos a cazar algún animal! ¡Estoy cansado de comer algas!

Desafortunadamente, no encontramos ningún animal. En cambio, bebimos bastante agua de coco. Además, recogimos vegetales y frutos de los árboles que abundaban en la isla.

Llegada la tarde, decidimos regresar al Nautilus.

Al llegar a la nave, todo estaba muy tranquilo. ¡No había nadie a bordo!

–¡Qué extraño! –dije con cierto tono de misterio.

–Seguramente fueron a la isla –dijo Ned.

Para nuestra sorpresa, en el comedor nos esperaba una apetitosa cena servida. Comimos y nos fuimos a dormir.

Al día siguiente todo estaba igual, no había **señales de vida** en el Nautilus.

Al subir a cubierta, vimos que el bote estaba en el mismo lugar donde lo dejamos. Sin pensarlo mucho, decidimos regresar a la isla.

Ese día tuvimos suerte. Logramos cazar varias aves, dos **canguros** y un **jabalí**. Hicimos una **fogata** y cocinamos algunas aves que comimos hasta saciar.

–¡Al fin comemos comida de verdad! –dijo Ned satisfecho.

Después preparamos el resto de los animales para llevarlos como **provisiones**.

Felices, nos acostamos un rato en la **playa** y comenzamos a charlar.

–¿Qué les parece si nos quedamos aquí y no regresamos al Nautilus?–preguntó entusiasmado Ned.

Iba a contestar su pregunta cuando, de repente, **llovieron piedras sobre nosotros**.

–¿Qué ocurre? –preguntó Conseil sorprendido– ¡Alguien nos está lanzando piedras!

–¡Deben ser unos **monos**! –dijo Ned.

–¡No! –exclamó Conseil– ¡Son esos **salvajes!** ¡Y vienen hacia nosotros!

–¡Corran! –les grité y los tres corrimos hacia el bote.

Por suerte **logramos escapar**.

Cuando llegamos al Nautilus, le informamos todo a Nemo:

–¡Capitán, en la isla hay salvajes! –dije– Debemos salir de aquí cuanto antes.

–No se preocupe por ellos, profesor... No podrán hacernos nada...

Desde el Nautilus podíamos ver numerosas fogatas en la playa.

Esa noche no pude dormir pensando en los salvajes.

Al día siguiente, **me sorprendió ver** que el Nautilus se había acercado un poco más a la costa.

Yo estaba en la cubierta con Conseil y Ned cuando, de repente, los salvajes nos atacaron. ¡Esta vez con flechas además de piedras!

–¡Son los salvajes! –grité alarmado mientras entramos al interior de la nave.

Uno de los hombres de Nemo les disparó, pero fue en vano. En pocos segundos, los salvajes rodearon al Nautilus con sus canoas.

Rápidamente el capitán Nemo ordenó cerrar la compuerta.

Cuando los salvajes intentaron subir a la cubierta, fueron recibidos por **descargas eléctricas** y cayeron al mar. En segundos, el Nautilus quedó libre de salvajes.

Y así, partimos ese día, alejándonos a toda velocidad de la isla de Gueboroar.

DESPUÉS DE LA LECTURA

VOCABULARIO

1: Leguas = leagues

2: Nueva Guinea = New Guinea

3: Se sacudió = shook

4: Atascó = stuck

5: Daños = . Damages

6: La marea = .the tide

7: ¿Cuánto tomará eso? = How long will it take?

8: Desafortunadamente = . Unfortunately

9: Señales de vida = signs of life

10: Canguros = .cangaroos

11: Jabalí = .wild pig

12: Fogata = .wood fire

13: Provisiones = food supplies

14: Playa = beach

15: Llovieron piedras sobre nosotros = stones rained upon us

16: Monos = monkeys

17: Salvajes = .savages

18: Logramos escapar = .we managed to escape

19: Me sorprendio ver = I was surprised to see

20: Descargas eléctricas = electric shocks

EJERCICIOS

1.–Completa la oración:

–¿Por qué no visitamos la isla de Gueboroar mientras reparan el Nautilus? –propuso ____.

–¡Qué les parece si nos quedamos aquí y no volvemos al ____!– dijo entusiasmado Ned.

–¡Capitán, en la isla hay ____! –dijo el profesor Aronnax

2.–Indica si es Falso o Verdadero:

a.–El Nautilus se atascó cerca de la isla de Gueboroar ____

b.–Nemo no dio permiso para visitar la isla____

c. Al llegar a la nave, todo estaba muy tranquilo ___

1.– ¿Que problema tuvo el Nautilus?

a.–Se hundió.

b–Se atascó.

c.–Se quedó sin electricidad.

d.–Se lo comió una ballena.

2.– *¿Cómo fueron a la isla Ned, Conseil y el profesor?*

a.–Corriendo.

b.–Nadando.

c.–Volando.

d.– En un pequeño bote.

3.– *¿Quiénes les lanzaron piedras al Profesor, Conseil y Ned?*

a.–Unos monos.

b.–Unos salvajes.

c.–Unos monstruos marinos

d.–Los marineros del Nautilus.

4.–¿Cómo evitó Nemo que se subieran los salvajes al Nautilus?

a.–Con descargas eléctricas

b.–Lanzándoles piedras

c.–Disparándoles.

d.–No evitó que subieran, los invitó a cenar

SOLUCIONES CAPÍTULO 5

1.–Completa el diálogo:

Ned, Nautilus, salvajes.

2.–Indica si es Falso o Verdadero:

a.–V.

b.–F.

c.–V.

3.–Preguntas de selección múltiple:

1.–b.

2.–d.

3.–b.

4.–a.

6–EN AGUAS DE TIBURONES

DESPUÉS DE VISITAR NUEVA GUINEA, continuamos nuestro **prolongado** viaje hasta llegar al océano Índico.

Una mañana el Nautilus salió a la superficie y mientras los tres subíamos a la cubierta Ned se me acercó y me dijo:

–¡Profesor Aronnax! Llevamos mucho tiempo encerrados en esta prisión. **¡Ya no lo soporto!** ¡Hoy mismo debemos escapar!

–¡Tranquilo, Ned! –le dije– **No cometa un error que después lamente.**

Sobre la cubierta vimos al capitán viendo el fascinante paisaje con varios marineros: El Nautilus estaba frente a una hermosa isla con **exuberante** vegetación.

–Capitán Nemo –dije–, ¿dónde estamos?

–Esa es la isla de Ceilán, profesor.

–¿Ceilán? –preguntó mi asistente **admirando el lugar**.

–Así es, Conseil –respondió el capitán–. Ceilán es un lugar muy famoso por la pesca de **perlas**. Mañana saldremos en uno de nuestros botes y les mostraré el lugar donde crecen las perlas. Les invito a acompañarnos.

Nemo nos explicó que la **pesca** anual de perlas era en el mes de marzo.

–En marzo vienen muchos barcos a esta isla. Estamos en enero, con suerte no veremos ningún **pescador** en este lugar. Pero le advierto que sus aguas están infestadas de **tiburones**.

Esa noche, Conseil, Ned y yo hablamos sobre la invitación del capitán Nemo. También sobre el peligro de los tiburones. Entonces el arponero dijo con entusiasmo:

–¡Vamos con Nemo! No importan los tiburones. Llevaré mi arpón para defendernos de esos animales…

Madrugamos al día siguiente y nos montamos en un bote equipado con trajes de buzos, el cual nos llevó cerca de la isla.

–Estamos sobre miles de perlas –dijo el capitán cuando el bote llegó al lugar indicado–. Pónganse sus trajes de buzos y bajemos.

Una vez listos, antes de lanzarnos al mar, **me detuve** y pregunté:

–¿Y los tiburones? ¿No llevaremos armas? ¿Con qué nos vamos a defender de ellos?

El capitán me miró y sin responder me dio un cuchillo y otro a Conseil. Pero no a Ned, quien **abrazaba** su arpón.

Segundos después, nos lanzamos al agua, y bajamos hasta el fondo del mar, donde estaba el **banco de perlas**. ¡Había miles de **ostras** con perlas!

Los hombres de Nemo comenzaron a recoger perlas, incluyendo Ned. Veinte minutos después, el capitán nos hizo señas de continuar caminando. Sólo él sabía hacia dónde nos dirigíamos.

Finalmente, llegamos a la entrada de una cueva submarina. El capitán nos hizo señas para que entráramos.

Dentro de la cueva encontramos una inmensa ostra abierta. ¡Era gigantesca!

Me acerque asombrado a la ostra gigante y, en su interior, vi una perla del tamaño de una nuez. ¡Era enorme! Quise tomarla pero el capitán me detuvo. En ese momento la ostra se cerró.

Después el capitán Nemo me explicó que estaba esperando que la perla creciera un poco más, antes de tomarla e incluirla en su valiosa colección.

Nos marchamos dejando el gran tesoro en la cueva, que al parecer sólo Nemo conocía.

Poco después de salir de la cueva, el capitán nos hizo señas para que nos escondiéramos detrás de una inmensa roca.

Pensé que era para protegernos de algún tiburón. Pero pronto me di cuenta de que se trataba de un pescador que estaba nadando bajo el agua, cerca de nosotros.

Mientras todos observábamos como el hombre **recolectaba** perlas mientras **aguantaba la respiración**, apareció un inmenso tiburón que se lanzó contra él.

El pobre hombre quedó inconsciente del golpe.

Nemo sin pensarlo, salió **a su defensa,** iniciando una asombrosa lucha. El capitán clavó varias veces su cuchillo en el animal pero no lograba matarlo.

El furioso tiburón se disponía a atacarlo cuando de repente Ned le lanzó su arpón directo a la cabeza y mató al animal instantáneamente.

El capitán ayudó al pescador y lo subió a la superficie.

Todos subimos con ellos a nuestro bote y al despertar el pescador dijo:

–Gracias, muchas gracias por salvarme la vida.

–No debes **arriesgar tu vida** por unas perlas, **¡tu vida vale más!** –dijo Nemo.

–Necesito las perlas, ¡mi familia **se muere de hambre**!

Nemo miro a uno de sus hombres y le hizo una señal.

Inmediatamente, le entregó a Nemo **una bolsa llena de perlas** al pescador.

–Gracias, gracias –dijo el pescador muy contento.

Después de llevarlo a su bote, nos despedimos de él para siempre.

Ned, Conseil y yo estábamos admirados y también extrañados de la generosidad de Nemo.

DESPUÉS DE LA LECTURA

VOCABULARIO

1: **Prolongado** = prolongued

2: **¡Ya no lo soporto!** = I can't take it anymore!

3: **No cometa un error que después lamente** = don't make a mistake you'll later regret

4: **Exuberante** = exhuberant

5: **Admirando el lugar** = admiring the place

6: **Perlas** = pearls

7: **Pesca** = fishing

8: **Pescador** = fisherman

9: **Tiburones** = sharks.

10: **Madrugamos** = rose at dawn

11: **Me detuve** = I stopped

12: **Abrazaba** = hugged

13: Ostras = oysters

14: Banco de perlas = pearl bank

15: Recolectaba = collected

16: Aguantaba la respiración = held his breath

17: A su defensa = in his defense

18: Arriesgar tu vida = risk your life

19: ¡Tu vida vale más! = Your life is worth more!

20: Se muere de hambre = is dying of hunger

21: Una bolsa llena de perlas = a bag full of pearls

EJERCICIOS

1.–Completa la oración:

–¡Profesor Aronnax! Llevamos muchos cerrados en esta prisión. ¡Ya no lo soporto! ¡Debemos escapar!–dijo ____.

–Ceilán es un lugar muy famoso por la pesca de _____–dijo Nemo.

–El tiburón se disponía a atacar a Nemo cuando de repente apareció Ned y mató al _____.

2.–Indica si es Falso o Verdadero:

a –La pesca anual de perlas era en el mes de marzo ____

b.–Dentro de la cueva encontraron una inmensa ostra abierta.____

c.–Al salir de la cueva, el capitán hizo señas para que se escondieran detrás de una inmensa ballena ___

d.–Al pescador se lo comió el tiburón____

3.–Preguntas de selección múltiple:

Seleccione una única respuesta por cada pregunta:

1.–¿El banco de perlas estaba cerca de cuál isla?

a.–Gueboroar

b.–Ceilán

c.–Manhattan

d.–Hawaii

2.¿Cuál era el mayor peligro en el banco de perlas?

a.–Las pirañas

b.–Los tiburones

c.–Los salvajes.

d.–Los monstruos marinos.

3.–¿Quién salvo a Nemo del ataque del tiburón?

a.–Un pescador.

b.–Ned.

c.–Michelle Obama

d.–Conseil.

e.–Nadie porque Nemo mató el tiburón con su chuchillo.

4.–¿Cuál fue el acto de generosidad de Nemo?

a.–Salvar el tiburón porque es una especie en extinción.

b.–Regalarle al pescador una bolsa llena de perlas.

c.–Regalarle a Ned el Nautilus por salvarle la vida.

d.–Darle la libertad a Ned, Conseil y el profesor.

SOLUCIONES CAPÍTULO 6

1.–Completa el diálogo:

Ned, perlas, animal.

2.–Indica si es Falso o Verdadero:

a.–V.

b.–V.

c.–F.

d.–F

3.–Preguntas de selección múltiple:

1.–b.

2.–b.

3.–b.

4.–b.

7–EL VIAJE SUBMARINO CONTINÚA

DESPUÉS DE TRANSITAR siete mil quinientas leguas desde que **abordamos** el Nautilus, Nemo anunció que habíamos llegado al Mar Rojo.

Ned estaba cansado de ser un prisionero en el Nautilus. Yo, **por el contrario**, disfrutaba cada vez más de nuestra fascinante aventura. ¡Yo era feliz!

El submarino **emergió** en medio del vasto Mar Rojo. Mientras Ned y Conseil subieron a cubierta, yo fui a la sala de máquinas en busca de Nemo y le pregunté:

–¿Qué hacemos en el Mar Rojo, capitán?

–Pienso viajar del Mar Rojo al Mar Mediterráneo. Eso nos ahorrará mucho tiempo.

–¿**Qué dice**, capitán? ¡El Mar Rojo y el Mar Mediterráneo no están **conectados**! ¡**Eso es imposible**!

–No es imposible, mí querido profesor, hace muchos años descubrí un **túnel submarino** que conecta a los dos mares.

–¿Un túnel, capitán?

–Sí, profesor. Supe que existía cuando observé que el mar Rojo y el mar Mediterráneo comparten muchas especies de peces. Esto me hizo pensar que ambos mares **se comunicaban**. Ya lo verá, profesor. Pronto cruzaremos el túnel y llegaremos al Mar Mediterráneo.

Después de hablar con Nemo, fui a la cubierta y les conté a mis amigos lo que él me dijo.

–¿Iremos al Mediterráneo? –dijo Conseil sorprendido–. ¡Qué bueno!

–¡Eso es maravilloso, profesor! –exclamó Ned excitado–¡Será nuestra oportunidad para escapar!

De repente, Ned **volteó** hacia el mar y exclamó:

–¡Miren! ¡Hay un enorme animal en el mar!

–¡Dios mío! –gritó Conseil– ¡Es un monstruo marino!

Al voltear vi un animal de gran tamaño en las aguas. ¡Estaba casi frente a nosotros!

–¡Es un narval gigante! –exclamé sorprendido.

El capitán rápidamente **reaccionó** y dijo:

–¡Ned, tome un bote con algunos hombres y demuestre su destreza para cazar a ese narval!

–¡Sí mi capitán! –respondió Ned, lleno de entusiasmo y alegría antes de cumplir las órdenes de Nemo.

Minutos después, Ned lanzó su arpón a la cabeza del enorme animal y lo mató **en el primer intento**.

–¡**Bien hecho**, Ned! –exclamó Nemo– Subámoslo a bordo. ¡Será nuestra cena de hoy!

El gigantesco cuerpo del narval fue trasladado con ayuda de la tripulación al submarino y esa noche lo convirtieron en un delicioso manjar que todos disfrutaron.

El Nautilus se volvió a sumergir y Nemo me dijo:

–Venga conmigo, profesor.

De inmediato fuimos a la sala de controles, donde Nemo tomó el **timón** de la nave y con gran habilidad **atravesamos** un largo túnel.

Y poco después, tal como Nemo había **pronosticado**, ¡llegamos al Mar Mediterráneo!

El paisaje submarino del Mediterráneo era impresionante. Estaba lleno de todo tipo de corales y peces de múltiples colores.

Ned sólo pensaba en nuestro escape.

–¡Profesor, ésta es nuestra oportunidad! –dijo entusiasmado– Apenas salgamos a la superficie **saltaremos** al mar…

–¿Al mar? ¿No será peligroso? –le pregunté.

–Usted siempre tiene una excusa para no irse –contestó Ned algo molesto.

–¿Pero qué haremos si saltamos en medio del mar? –preguntó mi fiel asistente–. ¿No nos **ahogaremos**?

–No lo creo, Conseil. Muchos barcos cruzan el Mediterráneo. Alguien **nos rescatará**.

Me quede pensando en las palabras de Ned.

Yo quería recobrar mi libertad, pero también quería investigar las **profundidades** del océano. Y sólo podía hacerlo a bordo del Nautilus.

Desafortunadamente, mientras estuvimos en el Mediterráneo el submarino no salió a la superficie así que no pudimos escapar.

¡Ned estaba furioso!

Después de cruzar el Mediterráneo bajo el agua, llegamos al estrecho de Gibraltar. Entonces Ned me dijo con mucha firmeza:

–La próxima vez escaparé con o sin usted, profesor. ¡No quiero seguir en manos de ese capitán **demente**!

DESPUÉS DE LA LECTURA

VOCABULARIO

1: Abordamos = boarded

2: Por el contrario = on the contrary

3: Emergió = emerged

4: Qué dice = what do you say

5: Conectados = connected

6: ¡Eso es imposible! = That’s impossible!

7: Túnel submarino = submarine tunnel

8: Se comunicaban = were communicated

9: Volteó = turned

10: Reaccionó = reacted

11: En el primer intento = on the first attempt.

12: Bien hecho = well done

13: Timón = rudder

14: Atravesamos = we crossed

15: Pronosticado = forecasted

16: Saltaremos = we'll jump

17: Ahogaremos = drown

18: Nos rescatará = will rescue us

19: Profundidades = depths

20: Demente = demential (insane)

EJERCICIOS

***1.*–Completa la oración:**

–Ned estaba cansado de ser un ____ en el Nautilus.

–¡Ned, tome un bote, algunos hombres y demuestre su _____ para cazar a ese narval! –dijo Nemo.

–Profesor, usted siempre tiene una excusa para no ___ –contestó Ned algo molesto.

2.–Indica si es Falso o Verdadero:

a. El capitán Nemo pensaba viajar del Mar Rojo al Mar Negro___

b.– Ned estaba furioso porque Nemo lo mando a cazar al narval____

c.–El Profesor no quería recuperar su libertad ___

3.–Preguntas de selección múltiple:

Seleccione una única respuesta por cada pregunta:

1.–¿Cuántas leguas recorrió el Nautilus antes de llegar al Mar Rojo?

a.–Veinte mil leguas.

b.–Siete mil quinientas leguas.

c.–Dos leguas.

d.– Ninguna de las anteriores.

2.–¿Qué descubrió el capitán Nemo?

a.–Un túnel submarino que conecta el Mar Rojo con el Mediterráneo.

b.–Un barco pirata lleno de tesoros.

c.–Un grupo de extraterrestres.

d.–Que el Mar Rojo es azul.

3.–¿Qué animal cazó Ned con su arpón?

a.–Un gran tiburón negro.

b.–Un monstruo marino.

c.–Un narval gigante.

d.–Un delfín con ocho ojos.

4.–¿Qué hicieron con el enorme narval después de matarlo?

a.–Se lo comieron.

b.–Se lo dieron a los tiburones.

c.–Lo montaron en la biblioteca como pieza de colección.

d. No mataron al narval.

SOLUCIONES CAPÍTULO 7

1.–Completa el diálogo:

Prisionero, destreza, irse.

2.–Indica si es Falso o Verdadero:

a.–F.

b.–F.

c.–F.

3.–Preguntas de selección múltiple:

1.–b.

2.–a.

3.–c.

4.–a

8: LA LEGENDARIA ATLÁNTIDA

DESPUÉS DE RECORRER más de diez mil leguas en casi cuatro meses llegamos al Atlántico, el segundo océano más grande del planeta.

Una semana después, el capitán Nemo me dijo:

–Profesor, le invito a una expedición submarina, sólo usted y yo. Quiero mostrarle algo que **usted nunca olvidará**.

Acepté con gran entusiasmo.

Después de bajar al fondo del mar y caminar unos minutos, observamos las **ruinas** de una enorme ciudad **sumergida**. Sorprendido, le pregunté con **señas** dónde estábamos.

Nemo, también haciendo señas, me llevó a los restos de un gran **templo** que tenía una **placa** con un nombre **grabado** en ella: *Atlántida*.

Yo estaba asombrado. ¡Estábamos en la **milenaria** Atlántida!

Según la vieja leyenda transmitida por el filósofo griego Platón, la Atlántida se había hundido unos diez mil años atrás durante un terrible **desastre natural**.

¡Jamás olvidaré lo que Nemo y yo vimos ese día!

Milenarios templos, **edificios**, **terrazas**, **estatuas**, **plazas**, **monumentos** y **calles empedradas**, ¡todo estaba intacto bajo el mar!

Después de permanecer varias horas recorriendo aquellas sorprendentes ruinas, abandonamos la Atlántida y regresamos al Nautilus para reunirnos con nuestros compañeros.

El día siguiente, desperté lleno de entusiasmo y noté que el Nautilus había salido a la superficie. Subí rápidamente a la cubierta para ver en dónde nos encontrábamos.

Para mi sorpresa, todo estaba muy oscuro.

Entonces miré mi **reloj de bolsillo** y para mi sorpresa, ¡sólo eran las 9 de la mañana!

En ese momento Nemo subió a la cubierta y enseguida le pregunté:

–¿Dónde estamos, capitán?

–En una pequeña isla en medio del Atlántico.

–¿Una isla? ¿Y por qué todo está tan oscuro?

–Porque estamos en el interior del único **volcán** de la isla.

–¿En un volcán?

–Así es, mi querido profesor. Descubrí este volcán hace muchos años. Aquí extraemos los minerales que generan la energía necesaria para el Nautilus. Es muy seguro para mi nave. **Especialmente** porque los **nativos** de la isla **temen** acercarse. El volcán parece estar activo, pero en realidad lo único que contiene su interior es agua y muchos minerales.

Esa noche, después de cargar el Nautilus con **todo lo que necesitábamos**, Nemo dio la orden de partir y continuamos nuestro prolongado viaje submarino.

DESPUÉS DE LA LECTURA

VOCABULARIO

1: Usted nunca olvidará = you'll never forget

2: Ruinas = ruins

3: Sumergida = submerged

4: Señas = signs (gestures)

5: Templo = temple

6: Placa = plaque

7: Grabado = inscribed

8: Milenaria = millenary

9: Desastre natural = natural disaster

10: Edificios =buildings

11: Terrazas = terraces

12: Estatuas = statues

13: Plazas = squares

14: Monumentos = monuments

15: Calles empedradas = cobbled–stone streets

16: Reloj de bolsillo = pocket watch

17: Volcán = volcano

18: Especialmente = especially

19: Nativos = natives

20: Temen = fear

21: Todo lo que necesitábamos = all we needed

EJERCICIOS

1.–Completa la oración:

–El Atlántico, es el _____ océano más grande del planeta.

–El profesor Aronnax estaba asombrado por encontrarse en la milenaria ______, el continente perdido.

–¿Dónde estamos, capitán? –pregunto el profesor. En una ______ isla en medio del Atlántico.

2.–Indica si es Falso o Verdadero:

a.– El Nautilus había recorrido alrededor de diez mil leguas en tres meses y medio___

b.–Según Platón, la Atlántida no se había hundido ___

b.–Al día siguiente todo estaba oscuro porque estaban en el interior de un volcán ____

c.–Del volcán se extraían los minerales que generaban la energía para el Nautilus__

3.–Preguntas de selección múltiple:

Seleccione una única respuesta por cada pregunta:

1.– ¿A dónde fueron Nemo y el profesor?

a.–A Nueva York.

b–A la Atlántida.

c.–Al Polo Sur.

d.–A Cuba.

2.¿Qué decía el templo que visitaron Nemo y el profesor?

a.–Bienvenidos a China.

b.–Prohibido nadar.

c.–Atlántida.

d.–No decía nada.

3.–¿Por qué todo estaba tan oscuro cuando emergió el Nautilus?

a.–Porque no había electricidad.

b.–Porque estaban dentro de un volcán.

c.–Porque era de noche.

d.–Porque había un eclipse solar.

4.–¿Qué buscaban los hombres de Nemo en el volcán?

1.–Vapor.

b.–Minerales.

c.–Hielo.

d.–Pokemones.

SOLUCIONES CAPÍTULO 8

1.–Completa el diálogo:

–Segundo, Atlántida, pequeña.

2.–Indica si es Falso o Verdadero:

a.–V

b.–F

c.–V

d.–V

3.–Preguntas de selección múltiple:

1.–b

2.–c

3.–b

4.–b

9: UN BRUTAL ATAQUE

DURANTE LOS SIGUIENTES meses **no hubo novedad**.

Cada vez que le preguntábamos a Nemo y sus hombres dónde estábamos ellos **guardaban silencio**.

Lo único que sabíamos es que cada vez que salíamos a la superficie el clima en el exterior era **cada vez más frío**.

Finalmente, un día el Nautilus salió a la superficie. Y cuando Ned, Conseil y yo subimos a la cubierta, nos sorprendimos al ver grandes **bloques de hielo** flotando alrededor de nosotros.

Ned ya había estado en esos mares:

–Estamos cerca del **Polo Sur** –dijo admirando el panorama…

–¿El Polo Sur? –pregunté sorprendido–. ¿Estás seguro, Ned?

–Conozco muy bien estas aguas, profesor…

La verdad es que hacía más frío que nunca.

Aquellos **témpanos de hielo** demostraban que Ned **decía la verdad**. Eran tantos que chocaban entre sí, produciendo fuertes sonidos y **crujidos**.

¡Estábamos atrapados en medio de aquellas **montañas de hielo**!

Nemo subió a la cubierta con varios de sus hombres. No dejaban de hablar sobre el peligro en el que nos encontrábamos.

–Debemos sumergimos y viajar rumbo al Norte –dijo Nemo–. ¡**Pasaremos** debajo del hielo!

–¡Pero capitán! –exclamó el **timonel**–. Anoche hubo una fuerte tormenta y todo el mar está totalmente congelado. Si nos sumergimos ¡podríamos quedar atrapados bajo el hielo!

–Es verdad, capitán– dijo el segundo a bordo–. ¡Si no logramos volver a la superficie nos quedaremos sin oxígeno en pocos días!

–No si viajamos hacia el Norte –´dijo Nemo.

–Disculpe, capitán, pero estuve estudiando el panorama con mi **largavista** y el mar está congelado en todas direcciones. ¡Incluyendo las aguas del norte!

–Conozco bien estas aguas. Por eso les aseguro que no tendremos problemas. Si llenamos los **contenedores** de aire al máximo resistiremos. ¡A trabajar!

Una vez llenados los contenedores, un marinero cerró la escotilla y una vez más nos sumergimos.

Todos sabíamos que nuestras vidas **pendían de un hilo**. Esa noche, mientras viajamos bajo el hielo, yo estaba tan **preocupado** que **no pude pegar un ojo**.

Por suerte, a las seis de la mañana del día siguiente, el capitán Nemo fue a levantarnos y nos dijo con gran entusiasmo:

–¡Ya estamos libres! ¡El Nautilus subió a la superficie! Estamos cerca de un pequeño islote que yo no conocía. No aparece en los mapas y creo que todavía no ha sido descubierto. ¡Les invito a desembarcar!

Cuando el bote llegó a la costa del islote, le dije a Nemo con una reverencia:

–Capitán, sea usted el primero en pisar el suelo de este lugar.

El capitán bajó del bote con una gran sonrisa y cargando una espectacular bandera negra con una gran "N" bordada en hilo de oro. Y entonces, clavando la bandera en la arena, se autoproclamó dueño del islote y de esa parte del mundo.

* * *

Durante varias semanas continuamos nuestro viaje rumbo al Norte, bordeando el continente suramericano. Finalmente, después de haber recorrido más de dieciséis mil leguas desde que abordamos el Nautilus, llegamos a la gigantesca desembocadura del río Amazonas, el más caudaloso del mundo, el cual contiene más agua que el Nilo.

Una mañana, mientras nos detuvimos frente a las islas Bahamas, Conseil, Ned y yo conversamos en la cubierta sobre nuestro largo viaje.

¡Ya llevábamos seis meses a bordo del Nautilus!

–Mi querido Conseil –dije–, ¿Sabía usted que en estas aguas hay **calamares** tan grandes como el Nautilus?

–¿Calamares del tamaño de un barco? –preguntó mi asistente–. ¡No puedo creerlo, profesor! ¡Es imposible!

–Créalo o no así es. No olvide que llevo décadas estudiando la flora y la fauna del mar. Hace dos años se encontró un calamar de seis metros de largo en estas aguas.

Ned y Conseil me hicieron muchas preguntas sobre el descubrimiento de aquel animal y mientras conversábamos, de repente Conseil exclamó:

–¡Miren ahí hay uno igual de grande! –dijo señalando hacia el Este.

Ciertamente, había un enorme calamar. Medía ocho metros y, para mi sorpresa, ¡nadaba con impresionante velocidad hacia el Nautilus!

–¡Capitán! ¡Capitán! –grité mientras otros calamares gigantes salieron del mar y rodearon al Nautilus.

Por suerte, sobre la cubierta había varios marineros armados. Pero sus balas no impidieron que algunos subieran a bordo.

Uno de los calamares tomó a un marinero con un **tentáculo**. Viendo esto, todos los hombres sacaron sus cuchillos y comenzaron a luchar contra el animal.

El pobre marinero era sacudido y azotado sin piedad por el calamar. Los demás hombres atacaron al animal pero no lograron que soltara al hombre, quien exclamó algo en francés. Desafortunadamente, en ese momento el **molusco** lanzo una nube negra que cegó a todos y se lanzó al agua, llevándose consigo al marinero.

Sobre la plataforma del Nautilus había una docena de moluscos. ¡Todos luchamos contra aquellos temibles animales!

Inesperadamente, un enorme calamar atrapó a Ned con su largo tentáculo. Por más que lo intentaba, ¡no podía liberarse!

Por suerte, el capitán Nemo saltó sobre él y hundió su cuchillo sobre la cabeza del animal, salvándole la vida al arponero. Y al ponerse de pie, Ned lo **remató** con su arpón.

Más de media hora duro el combate hasta que al final, mortalmente heridos, los moluscos desaparecieron bajo el agua.

Al terminar la lucha, el capitán se llenó de **lágrimas** por haber perdido a uno de sus compañeros.

Una **ola de tristeza** invadió a la nave.

–Nunca había perdido a uno de mis hombres –dijo Nemo con profunda tristeza antes de **encerrarse** en su camarote. No volvimos a verlo durante los siguientes días.

* * *

Transcurrieron más de diez días mientras bordeamos el continente americano rumbo al norte.

Ned como siempre insistía en escapar:

–Profesor, ¿hasta cuándo vamos estar aquí atrapados? ¡Necesito recuperar mi libertad! ¡Me estoy volviendo loco!

–Usted tiene razón, Ned –dijo Conseil–. Yo tampoco lo soporto. Por favor, profesor, ¿por qué no habla con el capitán Nemo y le pide nuestra libertad?

–Está bien hablaré con el capitán –dije–. Le diré que nos libere.

Fui en busca del capitán. Quería proponerle un trato. Cuando entré a su camarote le dije firmemente:

–Capitán, necesito hablarle. Quiero proponerle que si usted nos libera yo presentaré sus descubrimientos ante la comunidad científica mundial.

–¿La libertad? ¡Jamás! –dijo enfáticamente Nemo–. ¡Ustedes nunca saldrán de aquí!

–Pero tenemos más de seis meses a bordo de esta nave, capitán, y…

–Profesor –interrumpió Nemo–, ¡quien entra en el Nautilus jamás sale!

Yo insistí. Pero no tuve éxito. Finalmente, el capitán me dijo:

–Espero que sea esta la primera y la última vez que usted venga a a pedirme su libertad y la de sus amigos, profesor. Ya sabe cuál es mi respuesta.

Al salir de allí, fui muy desilusionado.

Cuando les dije a mis compañeros lo que dijo Nemo, decidimos preparar nuestro plan de escape.

–Pase lo que pase, mañana escaparemos –dijo el arponero.

–Así será, amigo Ned –le dije sin dudarlo.

El día siguiente, el Nautilus salió a la superficie cerca de las costas de Nueva York. ¡Era el momento de escapar!

Sin embargo, esa mañana hubo una gran tormenta y tuvimos que marcharnos de inmediato, **frustrando** nuestros planes.

DESPUÉS DE LA LECTURA

VOCABULARIO

1: **No hubo novedad** = there was no novelty

2: **Guardaban silencio** = kept silence

3: **Cada vez más frío** = colder each time.

4: **Bloques de hielo** = blocks of ice

5: **Polo Sur** = South Pole

6: **Témpanos de hielo** = icebergs

7: **Decía la verdad** = said the truth

8: **Crujidos** = crackles

9: **Montañas de hielo** = ice mountains

10: **Pasaremos** = we will pass

11: **Timonel** = helmsman

12: **Largavista** = telescope

13: **Contenedores** = containers

14: Pendían de un hilo = hung by a thread

15: Preocupado = worried

16: No pude pegar un ojo = I couldn't shut an eye

17: Calamares = squids

18: Tentáculos = tentacles

19: Molusco = mollusk

20: Remató = finished him up

21: Lágrimas = tears

22: Ola de tristeza = wave of sadness

23: Encerrarse = lock himself

24: Frustrando = frustrating

EJERCICIOS

1.–Completa la oración:

– Cada vez que le preguntaban a Nemo y sus hombres dónde estaban ellos guardaban _____.

– Estamos cerca del ____ Sur –dijo Ned admirando el panorama.

– El calamar nadaba con impresionante velocidad hacia el ______.

– Profesor –interrumpió Nemo–, ¡quien entra en el Nautilus ____sale!

2.–Indica si es Falso o Verdadero:

a.–Los témpanos chocaban entre sí, produciendo fuertes sonidos y crujidos ____

b.–El calamar era pequeño, medía menos de un metro ___

c.–El capitán Nemo le salvó la vida al profesor _____

d.–El capitán Nemo estaba triste porque perdió a uno de sus compañeros ___

3.–Preguntas de selección múltiple:

Seleccione una única respuesta por cada pregunta:

1.–¿Dónde vieron témpanos de hielo?

a.–En el Polo Norte.

b–En Ceilán.

c.–En el Polo Sur.

d.–En la Atlántida.

2.¿Qué hizo Nemo cuando llegaron al pequeño islote?

a.–Comenzó a llorar.

b.–Clavó una bandera en la arena.

c.–Dijo que se quedaría a vivir en ese lugar.

d.–Mató a Ned.

3.–¿Cómo murió el marinero del Nautilus?

a.–Se lo llevó el calamar gigante.

b.–Se suicidó.

c.–Se lo comió un tiburón.

d.–No murió, escapó del Nautilus con Conseil.

4.–¿Cuánto tiempo llevaban el profesor y sus amigos en el Nautilus?

1.–Más de seis semanas.

b.–Más de seis años.

c.–Más de seis meses.

d.–Más de seis días.

SOLUCIONES CAPÍTULO 9

1.–Completa el diálogo:

–Silencio, Polo, Nautilus, jamás

2.–Indica si es Falso o Verdadero:

a.–V

b.–F

c.–F

d.–V

3.–Preguntas de selección múltiple:

1.–c

2.–b

3.–a

4.–c

10–UN DRAMÁTICO ESCAPE

PASÓ MÁS DE UNA SEMANA y una mañana, poco después de subir a la superficie, todos escuchamos una fuerte explosión y el Nautilus se sacudió un poco.

Subí corriendo a la cubierta, donde ya estaban Conseil y Ned, quienes me dijeron lo que sucedía:

¡Un buque de guerra nos atacaba!

–Profesor, ésta es nuestra oportunidad de escapar –me dijo Ned con entusiasmo–. Sólo hay que esperar que el buque se acerque un poco más y nos lanzaremos al agua.

En ese momento se escuchó otra explosión y el Nautilus volvió a sacudirse.

–Esta vez estuvo más cerca, profesor –dijo Conseil con preocupación.

–¡Miren! ¡El buque lleva la bandera de Estados Unidos! –dijo Ned observando al navío.

–Usted tiene razón, amigo Ned. ¡Ojalá sea el *Abraham Lincoln*!

El arponero sacó un **pañuelo** blanco y lo agitó al viento.

Apenas uno o dos segundos después, Ned fue derribado al suelo por el capitán, quien enfurecido le dijo:

–¡Traidor! ¡No vuelva a intentarlo o **no vivirá para contarlo**! –y levantándose miró hacia el barco de guerra y con rabia gritó– Y ahora debo atender otros asuntos, señor Ned. ¡**Ahora mismo** le enseñaré a ese miserable buque a no meterse con el Nautilus!

Nemo corrió hacia la popa y desplegó una bandera negra semejante a la que había clavado en aquella pequeña isla que reclamó para sí.

Es ese momento se escuchó otro estruendo y otro proyectil pasó tan cerca de nosotros que casi rozó el casco del Nautilus.

¡Estuvo más cerca que nunca!

Entonces el capitán grito:

–¡Bajemos ya! ¡Es una orden! ¡Vamos a hundir ese **condenado** barco!

No pudimos evitarlo.

Nos dijeron que nos sujetáramos mientras que el Nautilus, sin perder tiempo y sin sumergirse, se lanzó contra el buque a toda velocidad.

Segundos después, todos sentimos una fuerte sacudida.

Entonces sentimos que el submarino marchaba en reversa y todos corrimos al salón, donde vimos a través de una amplia ventana circular al buque hundirse **ante nuestros ojos**.

¡El **largo espolón** de acero que el Nautilus llevaba en la punta había perforado el **casco** del barco de guerra, hundiéndolo con toda su tripulación!

¡Aquello fue una masacre!

Sentí una gran impotencia y tristeza ante aquella tragedia. Esos hombres no habían tenido ninguna oportunidad de defenderse. Entonces fui a exigirle una explicación al capitán.

Al llegar a su camarote, encontré la puerta abierta y lo encontré arrodillado frente a las fotos de una mujer joven y dos niños. Al verme, el capitán comenzó a llorar y me dijo:

–¡Ellos también fueron crueles conmigo, profesor! ¡Hombres como ellos me lo **arrebataron** todo! ¡Ellos **asesinaron** a mi mujer y a mis hijos! ¡Y por eso deben pagar!

No pude decir nada. Nunca había visto al capitán así. Simplemente me retiré de su camarote sin decir una palabra.

Al ver a mis compañeros les conté lo sucedido y Ned exclamó:

–¡El capitán Nemo está loco! Asesinó a muchos hombres de mar. ¡Es un vil criminal!

–No quiero seguir a bordo del Nautilus –dijo Conseil con tristeza–. Con todo respeto profesor, debemos irnos de aquí **antes de que sea demasiado tarde**.

–Tengo un plan –nos confesó Ned–. Como saben, estamos a unas veinte millas de la costa. Nos armaremos con cuchillos y la próxima vez que el Nautilus salga a la superficie, lucharemos por nuestra libertad arpón… y. Sólo hace falta que tomemos el bote para poder escapar.

Esa noche me encontraba en mi camarote guardando mis notas y mis pertenencias cuando escuché los acordes de un órgano. ¡Era el capitán Nemo!

Fui al salón, y efectivamente, el capitán se encontraba en el salón concentrado tocando el órgano. En ese momento se levantó sonámbulo, se dirigió a la puerta donde me encontraba y murmuró las últimas palabras que oí de él:

–¡Dios omnipotente! ¡Basta! ¡Basta! –y continuo caminando como si no me hubiese visto.

* * *

El día siguiente, cuando el Nautilus salió a la superficie, no vimos ningún guardia en la cubierta. ¡Era nuestra oportunidad!

En silencio, bajamos el bote y lo abordamos.

Por alguna razón que ignorábamos, el mar estaba muy agitado.

–¿Por qué el mar se ve así, profesor? – me preguntó Conseil **susurrando**

–¡De prisa! –interrumpió Ned **en voz baja**–. ¡Vámonos!.

En ese preciso momento el viento sopló con fuerza y escuchamos unos pasos sobre la cubierta. Los tres **aguantamos la respiración**. De repente, lo escuchamos gritar con voz de alarma:

–¡Maelstron! ¡Maelstrom!

Yo levanté ambas manos y me vi perdido. Realmente pensé que el marinero nos había descubierto y que con su llamado alertaba a sus compañeros. Y entonces Ned dijo:

–¡Maelstron! ¡Eso explica todo! Como hombre de mar sé que Maelstron significa "**gran torbellino**"...

Ned no pudo decir más.

En ese momento el viento sopló más fuerte aún y las aguas se agitaron con tanta fuerza que nuestro pequeño bote fue lanzado lejos **con violencia**.

Arrastrados por una fuerte corriente circular, comenzamos a girar lentamente en torno al centro negro de un enorme torbellino que succionaba todo a su paso.

¡Estábamos aterrados!

Mientras nuestro bote dio la primera vuelta, vimos al Nautilus sumergirse y desaparecer. ¡Ni siquiera sabíamos si nos habían visto!

Con cada vuelta, el bote se movía más rápido alrededor del centro. Además, ¡las vueltas se hacían más pequeñas!

Sabíamos que nos quedaba muy poco tiempo.

El único remedio fue seguir la recomendación de Ned: los tres nos sujetamos con **amarras** al bote.

¡Pensé que era nuestro final!

¡Cada vez nuestro bote corría más rápido y se acercaba más al **tenebroso** centro del furioso torbellino!

Y de repente no supe nada más, creo que perdí la consciencia...

Sólo sé que desperté en una pequeña cama, rodeado de gente desconocida. Entonces me puse de pie y mirando a mi alrededor grité:

–¡Conseil! ¡Ned!

Afortunadamente, ambos corrieron inmediatamente hacia mí.

¡Estaban sanos y salvos!

Me dijeron que ellos también se acababan de despertar y, abrazándonos, juntos lloramos de alegría.

¡Habíamos sobrevivido!

–¿Dónde estamos? –pregunté secándome las lágrimas.

–Ustedes están en nuestra aldea de pescadores– respondió un viejo de cabellos blancos como la nieve con una amplia sonrisa–. Nosotros somos los únicos habitantes de nuestra pequeña y remota isla. A ustedes los encontramos flotando en unas tablas cerca de la playa. Por suerte, no estaban muertos cuando los rescatamos. ¡Pero estuvieron inconscientes durante dos días!

¡No podíamos creerlo! ¡Gracias a estos pescadores habíamos sobrevivido!

Y así, felizmente terminó nuestra increíble odisea a bordo del primer submarino del mundo, aunque hoy ignoramos cuál será nuestro destino.

¿Por qué lo digo?

Porque hoy todavía seguimos en la misma aldea de pescadores, donde debemos recuperamos de los golpes que recibimos antes de partir. Después de todo, desde que despertamos en esta isla apenas han pasado unos pocos días, los cuales he dedicado a recuperarme y a terminar esta historia.

Hoy, sentado frente al imponente océano y feliz de seguir con vida, finalmente termino con estas palabras mi breve relato sobre el **insólito** capitán Nemo y nuestra inolvidable aventura **a lo largo de** VEINTE MIL LEGUAS DE VIAJE SUBMARINO.

DESPUÉS DE LA LECTURA

VOCABULARIO

1: **Pañuelo** = handkerchief

2: **No vivirá para contarlo** = will not live to tell the tale

3: **Ahora mismo** = right now

4: **Condenado** = damned

5: **Ante nuestros ojos** = before our eyes

6: **Largo espolón** = long spike

7: **Casco** = helmet

8: **Arrebataron** = snatched

9: **Asesinaron** = murdered

10: **Antes de que sea demasiado tarde** = before it is too late

11: **Susurrando** = whispering

12: **En voz baja** = in low voice

13: **Aguantamos la respiración** = held our breath

14: Gran torbellino = great whirlpool

15: Con violencia = with violence

16: Arrastrados = dragged

17: Amarras = ropes

18: Tenebroso = gloomy

19: Insólito = very unusual

20: A lo largo de = along

EJERCICIOS

1.–Completa la oración:

–Se escuchó una fuerte _______ y el Nautilus se sacudió un poco _____.

–Ned miró un buque que lleva la bandera de Estados ____

–La próxima vez que el Nautilus salga a la superficie, lucharemos por nuestra ______–dijo Ned.

–Finalmente el profesor termino su breve relato sobre el ________capitán Nemo.

2.–Indica si es Falso o Verdadero:

a.–Un buque de guerra saludaba al Nautilus____

b.–El capitán Nemo le dijo a Ned que era un traidor ___

c.–Al capitán Nemo le habían asesinado a su esposa e hijos _____

d.– Conseil dijo feliz que el quería seguir a bordo del Nautilus ___

3.–Preguntas de selección múltiple:

Seleccione una única respuesta por cada pregunta:

1.–¿Qué dijo Ned cuando vio el buque de guerra?

a.–¡Que buque tan feo!

b.–Profesor, ésta es nuestra oportunidad de escapar.

c.–¡Rápido! ¡Disparen al buque!

d.–¡Auxilio! ¡Es el monstruo marino!

.

2.¿Qué dijo Nemo cuando fueron atacados por el buque?

a.–¡Saquen una bandera blanca en señal de paz!

b.–¡No cometan un error que después lamenten!

c.–¡Vamos a hundir ese condenado barco!

d.–¡Auxilio! ¡Llamemos al Capitán América!

3.–¿Qué significa la palabra Maelstron?

a.–Gran torbellino.

b.–Gran maestro.

c.–Michael Jackson.

d.–Cuidado.

4.–¿Cuánto tiempo estuvieron inconscientes Conseil, el profesor y Ned?

a.–Un mes.

b.–Más de seis meses.

c.–Dos días.

d.–Un año.

SOLUCIONES CAPÍTULO 10

1.–Completa el diálogo:

–Explosión, unidos, libertad, insólito

2.–Indica si es Falso o Verdadero:

a.–F

b.–V

c.–V

d.–F

3.–Preguntas de selección múltiple:

1.–b

2.–c

3.–a

4.–c

ESLC READING WORKBOOKS SERIES

VOLUME 1:
THE LIGHT AT THE EDGE OF THE WORLD
by Jules Verne

VOLUME 2:
THE LITTLE PRINCE
by Antoine de Saint-Exupery

VOLUME 3:
DON QUIXOTE
by Miguel de Cervantes

VOLUME 4:
GULLIVER
by Jonathan Swift

VOLUME 5:
THE ADVENTURES OF SHERLOCK HOLMES
by Sir Arthur Conan Doyle

VOLUME 6:
20,000 LEAGUES UNDER THE SEA
by Jules Verne

PUBLISHED BY:
EASY SPANISH LANGUAGE CENTER

TRANSLATED AND CONDENSED BY:
Álvaro Parra Pinto

PROOFREADING AND EDITING:
Magaly Reyes Hill
María Josefa Pérez

EDITOR:
Alejandro Parra Pinto

ILLUSTRATIONS BY:
Alphonse de Neuville & Edouard Riou

PUBLISHED BY:
Easy Spanish Language Center (ESLC)r

CHECK OUT OUR SPANISH READERS IN AMAZON!

CHILDREN´S BOOKS IN EASY SPANISH SERIES

VOL. 1: PINOCHO

VOL. 2: JUANITO Y LAS HABICHUELAS MÁGICAS

VOL. 3: ALICIA EN EL PAÍS DE LAS MARAVILLAS

VOL. 4: PETER PAN

VOL 5: LA SIRENITA

VOL. 6: LA BELLA DURMIENTE

VOL. 7: BLANCANIEVES Y LOS SIETE ENANOS

VOL. 8: LA CENICIENTA

VOL. 9: EL LIBRO DE LA SELVA

VOL 10: EL JOROBADO DE NOTRE DAME

VOL 11: HANSEL Y GRETEL ¡y más!

VOL 12 GULLIVER

VOL 13: RAPUNZEL

VOL 14: LA REINA DE LAS NIEVES

VOL 15: BAMBI

VOL 16: LA BELLA Y LA BESTIA

VOL 17: HÉRCULES

FUNNY TALES IN EASY SPANISH SERIES

VOL. 1: JAIMITO VA A LA ESCUELA

VOL. 2: EL HOSPITAL LOCO

VOL. 3: VACACIONES CON JAIMITO

VOL. 4: EL HOSPITAL LOCO 2

VOL. 5: RIENDO CON JAIMITO

VOL. 6: NUEVAS AVENTURAS DE JAIMITO

VOL. 7: JAIMITO REGRESA A CLASES

VOL. 8: JAIMITO Y EL TÍO RICO

VOL. 9: JAIMITO Y DRÁCULA

VOL. 10: JAIMITO Y MR. HYDE

BEDTIME STORIES IN EASY SPANISH

VOL 1: RICITOS DE ORO Y OTROS CUENTOS

VOL 2: PULGARCITO Y OTROS CUENTOS

VOL 3: LOS TRES CERDITOS Y OTROS CUENTOS

VOL 4: LOS ZAPATOS MÁGICOS Y OTROS CUENTOS

VOL 5: EL GATO CON BOTAS Y OTROS CUENTOS

VOL 6: CAPERUCITA ROJA Y OTROS CUENTOS

VOL 7: RUMPELSTILTSKIN Y OTROS CUENTOS

VOL 8: LOS DUENDES Y EL ZAPATERO Y OTROS CUENTOS

VOL 9: EL SASTRECITO VALIENTE Y OTROS CUENTOS

VOL 10: EL PATITO FEO Y OTROS CUENTOS.

SELECTED READINGS IN EASY SPANISH SERIES

VOL 1: TARZÁN DE LOS MONOS y...

VOL 2: LOS VIAJES DE GULLIVER y...

VOL 3: DE LA TIERRA A LA LUNA y...

VOL 4: ROBINSON CRUSOE y...

VOL 5: VIAJE AL CENTRO DE LA TIERRA y...

VOL 6: CONAN EL BARBARO y...

VOL 7: EL RETRATO DE DORIAN GRAY y...

VOL 8: DR. JEKYLL AND MR. HYDE y...

VOL 9: LA ISLA MISTERIOSA y...

VOL 10: DRÁCULA y...

VOL 11: ROBIN HOOD

VOL 12: LA VUELTA AL MUNDO EN 80 DÍAS

CHECK OUT OUR SPANISH READERS IN AMAZON!

CPSIA information can be obtained
at www.ICGtesting.com
Printed in the USA
LVOW11s2001210617
538886LV00003B/499/P